처용가를 거꾸로 읽다

처용가를 거꾸로 읽다

안문현 시집

서출판 천우

● 시인의 말

휴지休止

창문도 대문도 열어놓고 다니는 해녀 촌
옛 정낭 그대로이지만 찾는 이 하나 없어
일상에서 해방된다

온종일 책 읽고 잠 오면 잠자고
심심하면 축담 길 끼고 바닷가 산책하며
내 생에 쉼표 하나 크게 찍어 본다
거칠게 불어오던 바람도 숨 고를 때면
파도 잔잔한 바다
방 안에는 고요만 가득한 적막

무엇을 위해 그리도 바쁘게 살았을까
가끔은 수평선 저 너머서 걸려오는
전화가 낯설다
바쁜 것도 걱정스러운 것도 없는 돌하르방 같은 생활
아침저녁 검은 바위 해변을 거닐며

돋는 해 지는 해를 바라본다
언제나 뜨고 지던 해가 저렇게 고와 보이다니

흘러가는 인생인데
영겁의 세월 속에 허락받은 내 짧은 생을
왜 그렇게 안달하며 살았을까
시간에서 해방되니
이렇게 여유로운 세상이 보이는 것을

2017년 8월

제1부

여객선 삼등실

제2부

처용가를 거꾸로 읽다

제3부

풍경이 담긴 호수

제4부

발해 성터에서

제1부

여객선 삼등실

먹을 갈며

인생의 멍에를 갈아 없앤다
걱정의 입자들은 검게 녹아
내 모습을 비춰주고

번민의 시간 속
쌓여 온 시름들이
은은한 향기가 되어 퍼진다

사각사각 닳아지는 세월이
밀어낸 오늘 대신
내일을 부르며
길을 재촉하지만

지워지는 삶의 흔적에
새 길을 내며
붓을 들어
글씨를 쓰고 그림을 그린다

질경이

밟히고 찢겨져도
상처 안고 다시 일어선다

쇠똥구리 흘리고 간 거름
아침 이슬비로
작은 잎 초라한 꽃 피워
드러나지 않는 모습

뽑히고 죽어가도
줄어들지 않는 생명
변하지 않은 믿음으로
강토를 지키는
그 정신

눈길 한 번 못 받아도
대 이어 살아온
흙먼지 길가를 떠나지 않는
넌, 진정 이 땅의 의로운
주인

일벌

제 몸 하나 지탱하기 힘든
작은 날개 퍼덕이며
날 새면 꿀 따러 간다
밀원 찾아
작은 양이라도

입안 가득한 꿀
뒷다리에 뭉친 꽃가루
몸 부서져라 이고 지고,

소나기에 날개 젖고
선풍에 쓸려가고
사고당해 죽어 가며,

넘치던 젊음 사라지고
노동력 없어지면
양식만 축내는 천덕꾸러기
그렇게 평생 일만 하다
외롭게
외롭게
죽어간다

터널

억 년 잠자던 공룡이 깨어나
꿈틀거리는 환상에 쫓기며
끝없이 이어지는 질주
앞만 보고 달려왔다

태양의 지배에서 벗어난 곳
가로막아 산이 된
닫힌 마음 뚫어본다
텅 빈 곳 누구나 품을 수 있게
쌓였던 번뇌 연기되어
굴뚝 속으로 날려 보낸다

물 새고 뒤틀어진 벽 뒤 일상들이
지하에 갇혀 있던 미로 아닌
너와 나의 통로가 된다
들어갈 때의 걱정도 나올 때 환희도
마음속 터널에 밝은 빛이 스며든다

여인, 피오르의 초상

피오르에서 불어오는 바람
온몸 내맡기고
모델 흉내를 내어본다

광음 속 빙하 스치고 간 자국
주름살 흘러내리는 얼굴
마음은 이십 대에 머무는 걸
어쩌나

스카프 휘날리며
푸른 호수 배경하여
생각은
구름 위를 난다
등 너머 물결이
나이 든 피오르의 변함없는
웃음처럼

돌리네Doline

무너지는 허공 속으로
땅이 빨려 들어간다
산이 무너지고 내가 가라앉고 들이 묻힌다
분화구 닮은 거대한 구덕이
여기저기 생겨나며
갈등을 쌓아간다

작은 생각 하나 차이로
너와 나를 갈라놓고
빗물로 냇물도 못 만드는 구덕들

사람들은 저마다 백팔 개 구덕에 빠져
헤어나지 못하고
다툼과 경쟁 속에서 번뇌한다

구제역

보이지 않는 적들에 대한 공포
화생방전 같은 하얀 방재복 입은 사람들
외계인들과 전쟁 같다

형체를 볼 수 없는 두려움
방어망 뚫리지 않으려고
추위와도 싸우며 밤잠 못 자는 전사
날아오는 하얀 액이
얼음알갱이 터지듯 차량에 달라붙는다

바리케이드 치고 밤 지새우며
소독하고 지키던 허탈감
정성으로 길러오던 가축들을
통째로 묻어야 하는 잔인한 아픔
주사 한 방에 쓰러져
눈물 흘리며 죽어가는 덩치 큰 소들의
마지막 비명
참혹한 현실에 농심의 억장은 무너진다

이 잔혹한 겨울 가고
봄이 오면
가축들의 무덤 위에
오롯이 피어날 민들레만

천국요양원 101호실

흐릿한 기억 속에
젊은 날들이 안개 속을 넘나든다

화려한 순간, 힘들었던 삶이
뇌리에서 멀어지고
평생 이루어놓은 일들이
남 이야기처럼 낯설다

기다리는 마음만 수놓는 삶의 끝자락
비워진 옆 병상엔
또 다른 생이 마지막을 준비한다

산소 호흡기에 의지한 가쁜 숨
가래 끓는 소리
힘없는 눈동자

창가에 저녁놀이 물들고
어두움은 또 하루를
추억 속에 묻어가는데
이승에서 맺은 무수한 인연들
못다 이룬 일들이
아쉬움으로 남는다

말言

뱉은 말 덫이 되어
쌓은 공 다 무너지고
고통을 받는 사람들
무심코 한 말
해서는 안 되는 말
책임질 수도 없는 말에
옭아 매여 끌려 다닌다

잘못한 한마디에
신의 잃고 원한 생기고
다툼과 송사에 말리고
생사가 갈리기도 한다

한마디 말로 천 냥 빚을 갚기도 한다는데
혀 밑에 숨긴 도끼
내다 버릴 줄 모르니
삼사일언三思一言
곡예사로 외줄을 타고 있다

여객선 삼등실

낯모르는 남녀들 엉덩이를 마주 대고
웅크린 잠을 잔다

잘난 사람도 돈 많은 사람도
따로 없는
봉놋방 같다
때로는 둘레둘레 모여앉아
화투 치고 술 마시고
모야 때야 왁자지껄 정신없다

파도 일어 배 요동치면
울렁울렁 뒹굴뒹굴
먹은 것 다 토해내고
예의염치는 차릴 길이 없다

인생살이 이 같아서 거기가 거기인 것을
무엇 그리 고상하랴마는
그래도
배에서 내리면
노래진 하늘 머리에 이고
흐트러진 옷매무새 고치며
의젓한 눈 내리깔면서
예의와 체면을 차린다

호박벌

아침 이슬 마르지 않았는데
수꽃 암꽃 옮겨 다니며
꿀 따는 호박벌

호박꽃 안에는 꿀단지에 엎드려
꿀 퍼내는 호박벌의 엉덩이만 보인다

토담 벽에 송송 구멍 뚫어
집 짓는 호박벌
기다리는 호박꽃

테러 공포

열 손가락 지문 컴퓨터에 저장하여
어디 가서 무엇하든
생체 기록으로 남긴다
모두 잠재적 범인 취급이다

지하철 입구 곳곳에 철문 달아
다니는 사람들 감시하고
엠파이어 빌딩 오를 때 허리띠까지 풀고
검색대를 통과시킨다

맨해튼 마천루를 들이받던 여객기
검붉은 화염 속에 무너지던 광경을
영화인 줄 알고 보다가 경악했다
그때를 생각하고
망가진 기분을 추스른다

여신상은 횃불 들고 맞이하고
활기찬 거리엔
보이지 않는 공포
번득이는 의심의 눈초리가
색안경 속에 가려져 있는

거기엔
내가 받는 의심이 내 안전을 지킨다는
이상한 논리가 옥죄인다

몰래물* 쉼터에서

이국정취가 흐른다
가로수가 된 야자수는 하늘을 가르고
용암 식은 검은 갯바위
오름 끝 움푹 파인 분화구
모두가 비경이다

올레길 다리 지쳐 엉*물언덕에 주저앉아
바라보는 푸른 바다
테왁 망사리 띄워놓고 물질하던
해녀들의 억센 삶이 보인다

엉물* 몰래물 용다리샘에서 물허벅 지며
바다 건너 육지를 동경하던
비바리들 손길에 닳은 검은 돌에서
그때 제주 여인들의 숨결을 느낀다

주민 떠난 몰래물마을*
함께 물질하고 밭 가꾸며
허벅 지고 솔베기물* 기르러 다니던

그 시절의
아련한 추억 담은 표석만
샘터를 지킨다

* 몰래물 : 모래(沙)물, 사수천(沙水泉).
* 엉 : 바위틈.
* 엉물 : 바위틈에서 솟는 용천수.
* 몰래물마을 : 제주 비행장 부지에 있었던 마을.
* 솔베기물 : 용천수.

어떤 임종

말기 암 아낙은 죽음 앞에 초연했다
이승 떠나기 얼마나 겁나고
아쉬울까

가난한 촌부에게 시집와 농촌 곁방살이
아이들 기르고 논밭 매며
평생을 보낸 시골 아낙

죽고 사는 것은 부처님 뜻이라며
생사 초탈한 의연함
문병 온 사람들 너무 웃겨
누가 위로받는지 모르겠다며
모두 놀라워했다

눈 내리는 마지막 날, 하직 인사 갔을 때
눈물도 없이 나직한 목소리로
"내가 이승에서 아재에게 아무것도 해준 것 없이
받고만 가요. 그동안 너무 고마웠어요."
하고 손을 잡았다

떠나는 이보다 남은 내가
목이 메어 말을 잊었다

살아생전 맺은 인연 모두에게 하직 인사하고
삶에 대한 아쉬움도 죽음의 두려움도 없이
이웃 가듯
아낙은,
그렇게 우리 곁을 떠났다

층간 소음, 이걸 어쩌나

천장에서 천둥소리가 난다
말 달구지 굴러가는 소리
우르르 뛰어가는 소리
저벅저벅 벽 타고 들려오는
독일 병정 발자국 소리

침대에 누워 귀 막고 눈 감고
양 떼를 헤아린다
밤새도록
병정의 발자국 소리는 그치지 않는다

밤일 마치고 낮에는 자야 하는 남편
끊임없이 들려오는 소리들
오늘 저녁도 일 나가야 하는데
피로는 뼛속 마디마디에 남아 있고
폭발한 감정만 둥둥 떠다닌다
머리채만 안 잡았지 전쟁이다

소리는 벽을 타고 이 층 삼 층 건너뛰고
아래 위층 모두가 곤두선 신경
하얗게 밤새우고 낮에도 편치 못한
서민아파트의 하루하루

황혼의 여백

오일장 한 켠 양지바른 담장 밑
풋나물 몇 단 앞에 놓고
두 할머니가 나란히 앉아
도란도란하던 이야기가
자꾸만 겉돕니다
젊은 시절이 생각이 나지 않아
서로 쳐다보며 먼저 이야기하랍니다
서편 하늘 붉게 물들어 가는데
머릿속에 아롱거리는 지난날들이
흰머리 주름 너머 일들이 기억나지 않습니다
손주 줄 사탕은 사고 싶지만
푸성귀는 시들어져
눈길 한번 못 받고
사람들은 발길을 돌립니다

호칭

나는 이름 대신 학생이었다
때론 키 큰 학생, 모자 쓴 학생이라 불렸다
그보다 전에는 아가이었을 때가 있었겠지만

그때는 꿈도 많았다
장래 희망란에 쓰는 대로
미래의 대통령도 장군도 내가 되었다
그리고 과학자, 사장, 의사, 농부
선생님으로 바뀌었다

세월 지나 나는 총각으로 불렸다
그때는 참 낭만적이었다
이 세상 착하고 아름다운 처녀는 모두
내 마음속 배필이었다
어느 나라 공주도 내 연인이 되고
영화 속의 예쁜 여인도 내 여인이 되고
첫눈에 반한 여인에게 데이트 신청을 해도 허물이 없고
신붓감 좋다는 처녀에게 청혼을 해도 화내지 않았다

내가 택한 예쁜 여인과 결혼하고
아기가 태어나자 내 이름은 선이 아빠가 되었다
직장에서는 선생님이고

나를 모르는 사람에게는 아저씨였다
나는 수십 년을
아저씨, 선이 아빠, 선생님으로 살아왔다

퇴직을 하고 난 어느 날
누군가 등 뒤에서 어르신이라고 부른다
둘러보아도 주위엔 어르신이 없는데
사람들은 나를 할아버지라고도 부른다
어색해하고 당황하는 나를 아랑곳하지 않고
나만 보면
어르신, 할아버지라고 부른다

마음은 꿈 많던 학생 시절
장밋빛 총각 시절 그대로인데
나만 보면
어르신, 할아버지란다

부부의 길

늙은 아내 두고 가기 안쓰러워
십오 평 집 등기 옮긴 후
비뚤비뚤 아내 이름 써 문패 달아놓고
이승 떠난 할아버지

남편 장례 끝내고 돌아와서
평생 남들 다 가는 여행 한번 못 가고
차가운 땅속에 묻혔다고
섧게 울던 허리 굽은 늙은 아내

남편 바람도 저버리고
몇 달 후
저승길을 뒤따랐다

두고 간 집에는
낯선 이가 터를 잡고
부부의 팔십 년 이승 세월
아스라이 잊혀간다

제2부

처용가를 거꾸로 읽다

나부상裸婦像 · 1

사랑 훔쳐 떠난 여인의 모습이
가슴속 너울이 되어
성곽 돌계단을 촘촘히 달려온다

그리움은 지쳐 원한이 되고
알몸으로 웅크린 여인의 상이 되어
무거운 업보를 떠받치고 있다

무수한 세월이 흘러도
추위에 떨며 백 년의 배신에서
벗어나지 못한 나신이여

아침저녁 예불 독경 소리에
부처님의 자비를 비는
옷 벗은 보살이 되어 회한에 차 있구나

풍경 소리 따라
수없는 계절이 돌고 돌아가도
줄어지지 않는 형벌
차라리 마음 비우고
입가에는 웃음이 번진다

나부상裸婦像 · 2

무슨 사연을 감추고 싶었을까
대웅전 팔작지붕
화려한 추녀 밑 네 귀퉁이
벌거벗은 여인상 올려놓고

도편수 끌어들여
세인들 비난 피해
사랑 전설 만들어
비껴가는
그 속셈은

나 혼자만이

오월의 바람이라면 좋겠다
그녀 긴 머리 마음껏 날리며
온몸 감싸고
구름 속을 나르는

새초롬한 얼굴 보여도
나에겐 한 떨기 꽃
손 뻗으면 다가올 듯
장미 한 송이

연초록빛 눈부신 햇살 받아
반짝이는데도
가슴속에서만 살고 있는 계절

차라리 겨울이면 좋겠다
아무도 나다니지 않은
영하 수십 도의 혹한
작은 방 안에 갇혀
상상의 나래를 펴게

굿

심장을 두드리는 징소리
숱한 혼령이 깨어나
주술 따라 달려온다

펄럭이는 춤사위가 영가의 몸짓 되어
이승과 저승을 이어주고
염원은 향불 연기 타고
구름 위를 난다

가슴 미어지는 사연
밤새워 빌고 비는
여인의 한이 촛농 되어 흘러내리고
몸 안에 타오르는 불길
허수아비는 훨훨 춤추며
산을 타고 넘는다

망자와 못다 한 수많은 대화
애틋한 사연과 분노가 교차하며
사자死者와의 갈등이
응어리진 가슴속 한이
무당의 주술 속에 녹아내린다

여승

사바의 욕망 억누르고
세속 인연
독경 속에 묻어 둔다

잊었다고 믿었던 일들이
가슴속 저 너머에 석고처럼 굳어 있고
인과因果의 백팔번뇌
예불 소리 타고 골골이 젖어 드는데
삼천 배 올리는
육신은 녹초가 된다

속계 어머니의 눈물
웃음으로 맞이하는
해탈의 여유

겨울 가고
봄 저무는
수많은 시간
속세의 그리움을
사천왕 발아래 눌러둔다

돌탑

지난날 믿음이 쌓였고
오늘의 소원이 쌓이고
내일의 희망이 쌓인다

각자 다른 사연 담긴 돌들은
천 년 이어 살아온 사람들의
염원 품고 대 이어 쌓여 왔다

오늘도 소원 담은 돌 하나가
부처님의 자비를 불러내며
이끼 낀 소망들 위에 올려져
또 다른 천 년을 쌓아 간다

행복

밟혀서 아우성치는
세 잎 클로버를 외면한 채
네 잎 클로버를 찾아다닙니다

행복은 우리 곁에 있는데
행운을 찾으려고
짓밟아 버린 행복

떠나간 뒤에야
행복인 줄 알았습니다

*세 잎 클로버의 꽃말 : 행복.
*네 잎 클로버의 꽃말 : 행운.

꼬리진달래

눈 내리는 어둠 속 모두가 꽁꽁 얼어붙어도
나는 당신이 선물하고 간
푸른 잎을 꼭 붙들고 있습니다

차가운 눈송이가 온몸에 겹겹이 쌓여오고
구름이 오가며 시샘하여 내 푸른 잎에
찬 상고대를 쌓아 얼음성을 둘러놓아도
나는 당신을 기다리며
온갖 서러움을 참아냅니다

당신을 그리는 마음이 없었다면
내가 움켜잡고 있는 푸른 잎을
놓아버렸을지도 모릅니다

우리가 만난 꿈같은 지난날
나는 화려하지도 향기롭지도 않아
벌 나비도 외면하는 하얀 꼬리 꽃을
당신에게 선물했습니다

당신은 진달래 철쭉보다도 더 우아하고 순결하며
이 세상 어느 꽃보다 좋다고 반겼습니다

그 환한 웃음이 내 가슴속에 남아
몸은 얼어 있어도 마음만은 훈훈합니다

꼭 돌아온다는 당신의 약속을 믿으며
겨울이 추위를 앞세워 아무리 혹독하게 굴어도
내 가슴속에는 당신의 따뜻한 입김을 느낍니다
매서운 눈보라 몰아쳐도
당신을 기다리는 내 마음
행복하기만 합니다

도라지꽃

부풀어 오른 봉오리
숨겨진 비밀
아무에게도 알릴 수 없는
혼자만의 이야기가 엉키다
터져 오르면
하얀 속살이 흰 장삼 속에 나부낀다

꽃잎 속 여인의 순정이
오롯이 흩어지고
붉은 댕기 드리우고 산도라지 캐던 시절
잃어버린 순결이
보라색으로 물들어
하늘에 떠 있는
흰 구름 향해
애절하게 흔드는 손짓

처용가를 거꾸로 읽다

구름 위로 용이 승천한다
높은 산에 산신령 살고
동구 밖 당나무 앞에서는
무당이 굿을 하고 있다

귀신 쫓는 처용 굿
주술이 된 처용가는 처용무를 추게 하고
귀신은 혼비백산 도망간다

천 년 넘게 내려온 처용의 신神
가랑이 넷인 아내의 이불 속 그대
용서하는 넓은 아량
미안하지 않고 부끄럽지도 않게
아내를 돌아오게 하는
기지奇智가 놀라워라

천 년 넘은 처용
괘릉 지키는 서역인 석상

온 신라 땅에 처용가는 퍼지고
전설은 더해가며 천 년 지나도록
처용은 우리 곁에서 숨을 쉬며
처연하게 살아나고 있다

물배추*

작은 연못 위 집
아빠는 많은 자녀를 붙들고 산다

올망졸망한 아이들 옆에 두고
도시로 보낸 다 자란 맏이
혼자 살기도 버거워
아빠 손 바라본다

둘째 셋째도 커가는데
희어진 머리 지친 얼굴
그래도 잡은 끈 놓지 못하고
힘겹게 벌어서 보낸다

어느 날의 결심
맏이 손 놓아도 쓰러지지 않고
혼자 두어도 잘 살아가는데
아빠는 아직도
둘째
셋째 손
꼭 잡고 놓지 못한다

* 물배추 : 연못 위에 떠다니며 자라는 풀. 증식할 때는 여러 개의 작은 포기를 줄기 끈으로 연결하여 영양을 공급하다가 완전히 자라면 연결된 줄기 끈을 하나씩 끊어 독립시킨다.

불영사佛影寺

구름이 하늘을 가려
그림자 지나가던 연못에
부처님 모습은 보이지 않는다

먼 기억 속에서 끝나버린
사랑이 그리워지고
설법으로도 지워지지 않는
사바의 상념들이
슬픔 되어 찾아온다

나무들도 철 따라
색다른 옷 입고 벗는데
언제나 잿빛 회색 속에서
세속의 꿈 벗어놓은
비구니들의 고무신, 고무신

뿌리쳤던 인연들이
괴로움으로 되살아나
지난날 서러움이 쌓이고
외롭고 애틋한 마음
독경 속에 합장하며
부처님 그림자(佛影)에
의지한다

친구

부음訃音이 왔습니다

천 리 길 달려가며
같이한 젊은 날의 추억이
차창 가 풍경처럼 떠오릅니다

덜컥이는 전차 타고 청계천 지나다니며
온기 없는 허름한 자취방에서
언 손 호호 불며 책장 넘기다
헤어진 우리

수륙양용전차 몰던 빨간 명찰 단 너
대포알 어깨에 메고 뛰어다니며
최전방 지키던 나
우린 그렇게 헤어지고
마음뿐
팍팍한 생활의 포로가 되어
오십여 년이 지나서야
저승길 떠나는 너를 만나러 갑니다

흰 국화꽃에 싸인 늙은 너의 사진이 눈에 설어
몇 번이나 이름표를 되돌아봤습니다

처음 보는 낯선 너의 식솔들
내 이름을 듣고서야
살아생전 늘 보고 싶어 하던 친구라고
망인이 환생한 듯 부여잡고
눈물바다가 되었습니다

우린 그렇게
너는 저승으로 나는 이승에 떨어져
또 긴 세월
마음속에 새겨두는
친구로 남았습니다

폼페이의 연인

나신으로 두 연인이 잠들어 있다

손잡고 다니던 거리
사랑을 속삭이던 회랑 돌기둥 밑
길 가다 사 먹던 빵 가게
데이트 전 다녀온 공중목욕탕
모두가
화산재에 묻힌 것도 모른 채

눈부시게 흰 드레스 입고
원형 야외극장에서
올릴 결혼식 날짜가
지난 것도 모르고
행복한 꿈을 꾸고 있다

봄꽃 벌 나비가
이천 번을 다녀가도
서로 꼭 끌어안고
날마다 사람들이
벌거벗은 침실을 들여다보는데도
황홀한 꿈에서
깨어나지 않는다

심청의 바다

허리 잘린 비극이 끝없는 갈등 안고
바다까지 가로막아
먼 길 돌아 대련 가는 바닷길

무리지어 따라오던 갈매기도 돌아가고
뱃전을 위협하는 파도

낙조는 붉은 용암을 토해 내고
물결이 붉게 끓어오르는
이쯤 어디 인당수에
저녁놀이 스며든다

별빛이 바래고 태양 다시 솟아오를
그 언제쯤
심청이 연꽃 타고 나타나 뱃전에 오르리
그때는
상처 난 마음들을
거센 물결 속에 띄워 보내리

하늘의 별 하나가 유성으로 떨어진다

종양 제거

하얀 수술대 위에서
레이저로 종양을 지져내며
코 안으로 스며드는
냄새를 맡는다
묘한 역겨운 냄새

보안경 쓴 의사 간호사
저승사자 같은 손놀림에 나를 맡기고
눈 감은 채
살 타는 냄새를 맡고 있다

아무도 맡아 보지 못한
제 살 타는 냄새

무지개다리

신혼의 꿈 안고
무지개다리를 건넌다

무수히 흩어지는 별빛
천둥 울리는 심장
황홀함
몸과 마음은 하늘 위를 난다

물보라 속 요정의 애잔한 모습
억 년 세월 손짓하며
쉬지 않고 쏟아져 내리는
거기엔
걱정도 좌절도 없이
하늘 오르는 무지개 꿈만 있다

아내에게

삼복더위 북풍한설 온몸으로 막아내며
얄팍한 월급봉투에 매달린
올망졸망 아이들 입
셋방살이 어렵고 힘들어도
한마디 불평 없던
당신이 눈물겹소

제일 먼저 새벽을 깨우고
가장 늦게 밤하늘의 별을 재우며
아이들 야간 자율학습 · 남편 뒷바라지
보따리 이고 지고 먼 서울 길 다니면서
누구보다 긴 하루를
살아내던 그 시절의
당신이 아득하오

긴 세월 살아오며
때로는 타인에게, 때로는 가족에게
이런저런 상처받아도
혼자서 견뎌내며 속으로 앓으면서
더 아픈 이웃에게 정을 나눠주던
당신을 존경하오

어느새 젊음은 흘러가고
시대도 변했는데
아직도 세상살이 나간 자식들 걱정하며
한 푼 돈 아끼려고
싼 곳 찾아 시장바닥 돌아다니다
걷고, 버스 시간 기다리고
허기 참고 집에 가서 밥 먹자던 당신에게

사랑한단 말 한마디 제대로 못 건네고
언제나
마음만 내줍니다

제3부

풍경이 담긴 호수

감나무

벌레의 아픔을 혼자서 감당하다
찢어지는 속살
숯덩이로 변해가는 심장의 고동 소리

햇살이 여무는 늦가을
무서리는 푸르름을 삼켜버려
병든 잎만 뒹굴고 있는 낙엽들
푸른 잎 붉은 열매는
추억 속 그늘로 사라지고 있다

젊은 계절은 끝나고
사랑하던 이들도 돌아서 가는 손짓
숨 쉬고 가지 뻗던 허공
날카로운 금속음향에 맥없이 무너진다

추위 속 하룻밤 온기溫氣 주고
산화해버린 백 년 된 고목
그루터기만 눈물 흘리며
올려다보는 곳
하늘이 품어 간 공간
거기에 가을의 찬란한
빨간 열매가 있었다는 것을
잊고 살아가야 하리

하늘 비

비를 잉태한 하늘은
생명을 품는다

붉은색 향연 저녁놀 아니더라도
새털구름 조개구름 조화롭고
뭉게구름 포근하다

비 사라진 곳은
생명도 떠난다
땅은 바스러져 사막이 되고
바람은 모래로 물결 진 언덕을 조각하지만
하늘은 단조롭고 지상은 텅 비어 있다

비를 품은 하늘은 푸근하다
구름은 하늘 넓은 캔버스에 그림을 그리다가
여백도 없이 잿빛으로 칠하고는
출렁이는 머릿결 비로 대지를 감싼다

맑게 갠 세상은 아름답다
하늘에 비 없다면
그 아름다움도
생명이 사라진 죽음의 색깔이었을 거다

살아 있는 상징인 듯
희망이 때론 절망되기도 하는 비
느낌도 모습도
계절 따라 다르게 내린다

가시박

햇볕 한 점 쬘 공간 주지 않고
품 안에 가두어
목 조여 질식시킨다

트로이 목마 속에 숨어와
강섶, 언덕 뒤덮으며
점령한 영토
토종들 시체 양분 삼아
저들의 왕국을 넓힌다

바다 건너온 이민족에
대대로 물려받은 땅 다 빼앗기고
사라져가는 인디언 같은 운명

토박이들은 힘에 겹다

풍경이 담긴 호수

물고기 꼬리지느러미에 맞아
산이 삐뚤어진다
구름은 울컥울컥 흔들리고
첨벙 물새 뛰어드는 소리에
정적이 깨진다

청둥오리 발길질에
산이 무너지고
하늘은 엉클어지며
구름도 너울너울 사라진다
바람 불어 물결 일면
간 곳 없는 세상

새 떼 떠나고
물고기도 잠들면
산도 하늘도 돌아오고
구름은 다시 흐른다

외로운 사람이
그림자로 남아
날아가는 새 떼를 헤아리고 있다

만장굴

저승에서 벌어와 이승 식구 먹여 살리는*
잠녀들 억척 삶이 깃든 바위 터전에
별장과 호텔이 줄을 잇는다

가진 자들의 욕심이
해안선 길게 따라
해녀들의 가난한 보금자리를 가로챈다

한때 귀양 와서 맺은 인연 뿌리치고
수평선 너머로 사라진
몰염치한 인간들의 후예
말과 행동이 다른 그들의 야심
시커먼 야욕의 생채기가
온통 해안을 덮으며
용암동굴 다 채우고도
꾸역꾸역 미어지도록 몰려와
낙원 땅을 장악한다

* 해녀박물관 전시물 "저승에서 벌어서 이승에서 쓴다."의 의역.

각자刻字를 보며

인간 욕망의 흔적
그건 짧은 생의 몸부림이다

역사의 한 찰나
돌에 이름을 새겨
오래도록 기억하리라

억년 세월 지나
바다가 에베레스트 산이 되었다는
것 알긴 하지만, 천년 세월 위해
돌에다 이름을 새긴다

진시황의 토우土偶 속에
사라진 선남선녀를 기억하며
언젠가 없어질
만리장성을 보며 탄성하는 사람들

이승의 찰나의 삶이 아쉬워
오늘도 돌을 깎아 비석을 세우고
바위에 이름 새겨
자신의 흔적을 남긴다

장맛비

적도의 한 점 바람
바다 수증기 몰고 와서
한라산 넘다가 백록담에 쏟아부어
구상나무 마른 뿌리 적신 뒤
연인들의 불붙은 가슴에다
시원한 찬물을 뿌려본다

지리산 지나서 백두산 오가면서
나직한 구름은 하늘을 부여잡고
땅 위에 내려앉아
거센 빗줄기가 폭력으로 변할 때
거북등 닮은 논, 저수지 바닥에 소원을 풀어 주듯
주체 못 할 힘이 솟아
물난리를 만든다

번개 치고 천둥 울려 대지를 둘러엎는데
미꾸라지는 승천昇天하고
개울물 넘쳐 전답을 삼키면
젊은 농부는 사투를 벌이다 운다

너물배미* 말라죽고 다부가지* 수북하던
산밭도 질척이며

듬성듬성 곰팡이 피어나 우산이끼 가득한
담벼락 지나 텃밭에는 잡초가 무성한데
또 한 줄기 소나기가 객기를 부리지만
젊음은 그래도 좋은 것
하늘 가는 무지개다리 위로
푸른 꿈을 펼쳐본다

* 너물배미 : 비단뱀의 일종(방언).
* 다부가지 : 메마른 모래땅에 자라는 잡초 일종(방언).

소망

고향 마을 개울가 산자락에 작은 통나무집을 짓고 싶다
뒤뜰 한편 다람쥐 찾아오게 도토리 심고
실개울에는 가재 며느리 숨어 살게 작은 돌 가져다 놓고
망초 수북한 모래밭 귀퉁이에 민들레 옮겨 심고
마당가에 연못 파 맹꽁이 살게 하여
여름 한철 시끄러운 이웃도 만들고 싶다
계수나무 가지 끝에 꾀꼬리 집 짓고
오래된 고목엔 부엉이 살게 구멍 뚫어 주고
많은 이웃을 불러 모아 살고 싶다

개울가 석벽 고란초가 자라나는 고향 마을
우물가 느릅나무 정자는 길손 땀 식혀주고
옹기종기 모여 살던 초가집 뒤
참나무 높은 가지에 까치가 집 짓고
멀리서 오는 길손을 반갑게 짖어 맞던 곳
길가 쇠똥구리 힘들게 일하고
계절 따라 밤이면 소쩍새 울고
반딧불이 온 동네를 별처럼 뒤덮던
그런 고향 다시,
만들고 싶다

가을비

젖은 눈망울이
물든 나뭇잎 위에 내려앉는다
벌 나비 찾아들던 꽃잎은
시들어 쓸쓸히 지고
자식 떠난 늙은이 일상들
비에 젖어 초라하다

젊은 날 결실인 낱알들을
날개 젖은 참새 떼가 훑어가고
가진 것 다 빼앗겨도 말 못 하는 과목果木들이
체념하는 가을 저녁

새내기 철새들은 남국 떠날 초행길 두렵고
마지막 타오르는 색깔의 향연 속에
비에 젖은 들국화가 발악하듯
맵시를 뽐낸다

여름내 새끼 키우던 올빼미도 떠난 고목
추억조차 메말라 가고
발아래 칙칙해진 삶의 부스러기만 쌓였는데
후둑후둑 떨어지는 빗방울이
계절을 쓸어내린다

지리산

산골짝마다 핏빛 진달래가 피어나고
천왕봉 높은 봉우리 까마귀 울음소리 들으며
수많은 영혼이 잠들어 있다
청춘도 사랑도 다 버리고
이상향理想鄕 조국을 꿈꾸던 젊은 영혼들의
절절한 사연들이 풀잎마다 돌부리마다
맺혀 있다

계절을 잊은 채
얼어 죽고 총 맞아 죽고 굶어 죽어가며
이루고자 했던 이상향
이루지 못한 꿈
제도制度는 갈라진 채
응어리진 가슴속 한 풀지 못하고
조국은 두 동강 나 육십여 년이 흘렀다

피로 얼룩졌던 산 능선 골짜기에는
잊힌 세월만 쌓여가고
그대들의 죽음 딛고 일어선
번영한 오늘의 대한을 보면서도
그늘진 곳 힘없는 이들의 외침이 들려온다

서로의 생각이 다를 뿐
그대들은 조국의 반역자가 아니라
꿈꾸던 조국 건설을 위해
젊음도
사랑도
목숨도
아낌없이 바친 애국자였다

지리산 계곡마다 붉은 혼이 피어나고 있다

벽 속의 방

색 바랜 벽지 얼룩진 벽 한 귀퉁이에
열두 종류의 짐승들이
각자의 자리에서 웅크리고 있다
네모난 통 속에서 제 몸 열 배보다 더 큰
야구선수 등번호 같은 커다란 숫자를 달고
출전시간을 기다린다

외롭다고 벽 속에 갇혀 몸부림치지만
돈 없으면 이 공간에도 있을 수 없다
떠밀리듯 일일 노동시장으로 나가
돈 벌어와야만 생활할 수 있는 이곳이
씁쓸하다

떨어진 벽면 얼룩 위에 붙여놓은 헌 신문지는
캐나다 FTA 협정으로 축산 농가가
힘들 거라는 기사 옆에
우주에서 비닐하우스 뚫고 날아온 돌 한 덩이로
벼락부자가 된 농부의 이야기가 담겨 있다

작은 짐승들은 끝내 출전도 못 하고
한 칸 한 칸 지워지다 달이 지나면 찢어지고

같은 모양으로 번호를 단 열두 짐승들이
경기를 기다리다 달이 차면 또 찢어진다

나도 벽 속에 갇힌 열두 짐승이다
누군가 불러 줄 경기장에서 홈런 칠 일을 생각하다 보면
농부처럼 십 억짜리 돌 하나를 우주에서 보내 줄지도 모른다
뾰족한 활로가 없는 나는
오늘도 허황된 돌을 키우고 있다

뻐꾸기의 항변

내 새끼 내가 기르지 않고
작은 새 속이고 둥지에 알 낳아
위탁시켜 기른다고
욕하지 마라

조물주가 우리를 만들면서 그렇게 정한 것
인간의 잣대로 우리를 욕하는 것은
하늘을 욕하는 것이고 생명에 대한 모독이다

자연은 모든 생명체가 같이 쓰는 것인데
너희 인간들은 모두의 땅을 차지하여
파괴하고 보금자리 부수고
먹이로 쓰지 않으면서도
총 만들어 재미 삼아 죽이는
용서 못 할 지구 위 폭군이다

날벌레 잡아먹는 우리가
약육강식이라고 죄악같이 떠들어대지만
이것은 살아가는 일이요 하늘이 정한 섭리이다
너희들은 죄악 저지르는 자기들 모습 덮어 두고
지극히 정상적인 생生의 이치를 문제 삼는구나

너희 인간들은 공장, 자동차 매연에다
온갖 생활 쓰레기와 중금속 오폐수를 쏟아내어
모두의 삶터를 오염시키고 있지 않은가
이렇게 오염되면 지구 위 다른 생명체는 물론
종국에는 너희들도 멸망하고 말 것이다

인간들아
우리가 보기에는 너희들이 한심한데
자연의 이치대로 살아가는 우리 보고
너희들 잣대로
욕하지 마라

북극 하늘

얼어버린 노을 위에
진홍의 태양이 머문다

뜨다 마는 노을 밑
얼음 속으로 가라앉는 해는
가난한 화가가 그리다 만 그림

북극성은 날개 위에 내려앉고
어둠으로 가려진 얼음 벌판은
영겁의 시간 속에 갇히는데
끝없는 욕망이
별빛 사이로 흩어진다

지구촌 중심

내가 사는 곳은 지구촌 변방이다
런던 반대편이고 서울에서도 멀리 떨어져 있으니까
자기 땅이 지구촌 중심이라고 주장하는 사람이 있다
이유도 설명도 없이 정신 나간 사람처럼

나도 우리 집을 지구촌 중심으로 정했다
날금과 씨금으로 선이 그어진 지구본을
세로로 대각선으로 돌려 보면 내가 사는 곳은
어느새 지구표면 중심으로 변한다
지구본 축은 처음부터 비딱하게 기울어져 있었으니까
날금 씨금도 어떤 사람이 멋대로 정한 거다
내가 만든 지구본에 하루 한 번씩
우리 집이 지구 중앙에서 끝으로 오가면서
세상의 중심이 된다

남들은 못 느낀다
소방도로 옆 남서향 큰 건물이 앞을 막아 전망도 명당도 아닌
우리 집이 지구촌 중심이라는 것을

지구 사령관

나는 세 평 방에서 전 지구인들에게
컴퓨터를 통해 신호를 보낸다
변방 사람들은 내 신호에 답한다
몽골 수녀님도 아프리카 난민도
남극 장보고 기지에 간 쇄빙선 선장도
나는 변방의 모든 사람에게 명한다
오존층 파괴 막기 위해 화석연료 줄이고
대체에너지 사용에 협조하라고
반대하는 사람 하나도 없이 전 인류가 찬성한다
어느새 나는 스스로 지구의 위대한 사령관이 된다
깜박이는 화면을 통하여
알래스카 바다 유조선이 빙산에 부딪혀
바다가 오염되어 가고 있다는
러시아 군대가 이웃 나라 크림반도를 점령하고 있다는
보고가 올라온다
저런저런
아이고 이러면 안 되는데
세 평짜리 사령실에서
대책도 못 세우는 멍청한 사령관은
잠꼬대 같은 비명만 지른다

마이크로코스모스

개미가 밟힐까 봐
발걸음이 조심스럽습니다
귀뚜라미가 엉덩이에 깔리면 어떡하나
하루살이가 코로 빨려 들어오면
어떡하냐고
아이는 걱정합니다
작은 세상에서 사람은
산보다도 크게 보입니다

길 가다가 밟은 개미집
망가진 두덩을 다시 쌓아 놓습니다
모래알이 개미에게는
커다란 바위입니다
우주 속에 인간은 티끌보다 작은데
현미경 속 미생물에게
사람은 우주같이 느껴집니다
그러나 지구는
사람도 미물도 같이 살아가야 할 별이랍니다

사계

— 부석사 은행나무 길

허문동천 지나 불국토
백팔 계단을 오른다
시방세계 곳곳에서 계절이 찾아오고
물들인 초록빛이 천상으로 번져 든다

여름 무르익어
은행 열매 살 오르면
천둥소리에 잠자던 용이 깨어난다
부석浮石은 구름 속에 싸이고
번개가 열어 놓은 하늘길 따라
선묘용이 승천한다

사과 붉게 영글면 은행잎도 물이 들고
된서리 내리는 어느 날
잎은 떨어져
땅 위에 노란 융단을 깐다
발아래 융단이 걷히면
사부작 겨울이 발을 내밀고

흰 눈 내려
동양화 화폭 속에 스며든 화엄고찰
돌계단 지나 불국토

무량수전 더 가깝고
앙상한 가지를 스치는 바람 소리
천년을 이어온다

겨울비

질척이는 날씨에 들쑤시는 신경통
옷깃 파고드는 찬 바람
조바심만 앞서는 마음

형체 잃은 별들
하얀 연기로 사라진 용기
어쭙잖은 세월 지나오며
비에 젖은 후줄근한 육신
보철이 뼈를 뚫고 닳아빠진 치아를 대신한다

여린 가지 달각달각 굵어지고
길바닥은 빙판 되어 날카롭고
문밖출입도 못한 집안엔
고독만 쌓여간다

잿빛 하늘 아득히 달려와서
육각형 결정체가 되지 못한 아쉬움
생명수로 내려온 물방울이
얼음으로 변한다

눈 대신 비가 내리는 한겨울

제4부

발해 성터에서

부석사에서

범종소리 스며드는
배흘림기둥

여운 따라 사바의 시름 사라지고
넓게 펼쳐지는
준령 위로 물든 노을이
땅거미 되어
떨어진 은행잎 위에 머문다

낙엽은 발밑에서 아우성쳐도
무량수전 석등 밑
잠든 선묘의 숨결 느끼며 돌아가는
마음이 가볍다

돌계단 내려오며
벗어 둔 백팔번뇌
하늘을 나는 기러기 떼보다
홀가분해진 마음

주산지

호수는 끝없는 하늘로 변해 있고
산은 호수 속 하늘을 향해 솟아 있는데
그 속 나는 거꾸로 서서 걷고 있다

바람이 몰아가는 물결 따라
언뜻언뜻 사라지는 내 모습은
감추고 싶은 양심의 일부

단풍이 물든 호수 속 산 중턱
황새가 허연 배를 드러낸 채 거꾸로 날아간다
모순된 인간의 논리를 비웃고

삼백 년 넘은 왕버들 밑동을 마주한 채
위아래로 거대하게 자라나
상하 없는 몽롱한 세상
나는 꿈꾸듯 호숫가를 맴돌며
작은 파문에도 이지러지는
자화상을 본다

물안개 잠깐씩 하늘을 삼키며
세상 근심 걱정을
보쌈하여 사라지고

영화가 되어 도시로 팔려나간
호수 속 암자는 없어져도
나를 벗어난 또 다른 나는
호수 속을 걸으며
천상의 세계를 엿보고 있다

야자의 꿈

수평선 넘어 외딴섬
열대의 햇살 아래
새로운 터전을 꿈꾼다

파도에 실어 보낸 둥근 씨앗
수만 년 부서지고 닳아진 산호
하얀 모래밭
바다조차 초록으로 물들이지 못한
신천지

산호
조개
잔해 위에
흩어진 꿈 모아놓고
줄기 긴 야자 숲
종자 맺어
바다 건너 또 다른
영토를 만든다

북극성

바이올린 현 위에 내려앉던 별빛
못 잊어
잠 못 이루는 날들

적도 넘어
밤 되어도 네가 사랑하던
북극성이 보이지 않는 곳에서
그리움을 묶어 두고
새 삶을 시작한다

밀퍼드사운드 안개 속에서
만난 여인
남국 하늘 위에 반짝이는
내 별을 만들어
새 희망을 싹틔우지만
십자성 위에 겹쳐지는 북극성은
내 밤을 하얗게 앗아간다

* 뉴질랜드에서 만난 어느 사나이 이야기.

발해 성터에서

텅 빈 성터,
심장은 크게 뛰고
가슴은 저려온다

지평선 너머로 사라진 발해의 꿈
우리 옛 땅
신라의 삼국통일은 역사의 오산誤算이었나
잃어버린 대륙 광활한 영토
말발굽 달리던 선조들의 들판에서
목 놓아 소리쳐도 메아리조차 들려오지 않는구나

끊어진 한恨 가슴에 품고
대륙을 떠도는 고려인이여
민족의 뿌리 이어오며
억세게 살아온 내 동포여
잡초 우거진 폐허 위에 서서
가슴 뭉클한 역사의 회한에 목이 메인다

고구려 맥 이어받은 발해여
깨어서 일어나라
맥박은 다시 뛰고

요동치는 심장의 울림이 불씨 되어
활화산처럼 솟아오르리

대륙을 향해
세계를 향해
힘차게
힘차게 뻗어 나가리
발해여, 깨어서 일어나라

밀림 속의 사원

인생살이 고뇌 새겨 낸 듯
신전 휘감은 뿌리
낙원을
칭칭 동여매고 있다

사람들 사라진 앙코르의 수도
실뿌리 몇 아름 기둥 되는 수백 년
나무는 사원을 삼키고
짐승들은 왕의 방을 차지한다

뿌리 틈 부처님 얼굴
빛 사라진 어둠
미소는 절망 속에서도 변하지 않고
부스러지지도 끊어지지도 않는
이웃들과의 인연
열대 태양 아래 천년을 이어온다

긴긴 잠 깨어나는 밀림 속 신전
돌에 새겨진 앙코르 미소
크메르 역사가
기지개를 켠다

폼페이 거기에는

티레니아 초록 바다 지나
이천 년 전 폼페이 거리를 걷는다

시공時空을 초월한 완벽함
까마득한 옛날이 이리도 같을까
방금 지나간 듯 마차 바퀴 자국
길가 빵 가게 화덕에는 불 피어오르고
화려한 타일 장식된 공중목욕탕
벽 속에서만 숨 쉬는 나신

불덩이 섞여 몰려오는 화산재
어둠으로 덮인 땅 요동치고
살 길 찾아 헤매던 사람들
일그러진 얼굴 필사의 몸동작은
그때의 공포로 몰려온다

원형 야외극장에서 공연 중
묻혀버린 연극의 마지막 장면이
화산재 털고 일어나고
관객이 된 이천 년 후 관광객들
탄성의 박수를 쏟아낸다

금성단, 숨겨진 역사

사랑 위해
천년을 빌어도 지워지지 않는
죄지은
여인의 혼이
담장 밖에서 흐느낀다

살 터지고 뼈 부서지며
국문당하는 비명 들려오고
고아들 울음소리는
잿더미가 된 거리에 넘쳐난다

향불이 피워지고
제관들의 펄럭이는 도포 자락 사이로
제단 위에 제물이 올려진다

유세차 만고강산 백 대 충절
불의의 권력 앞에 무참히 스러져 간
백성들의 외침이
제상 위에 내려앉는다

그날의 아우성이 여기저기서 들려온다
철기들의 번득이는 칼날

타오르는 불길
참혹한 모습들이
술잔 위에
눈물로 떨어진다

용이 되고 싶은 미꾸라지

물고기가 폭포 타고 오른다
미꾸라지는 소나기 타고
하늘을 헤엄친다

용이 승천하는 물보라만 본 어느 어부는 용의 존재를 꼭 믿는다. 동해 울릉도 저동 앞 바닷속에서 천년을 살던 용이 어느 날 큰 물기둥을 구름까지 끌어올리며 승천했다. 그걸 봤다는 사람이 많고 사진도 있다.

가난한 김 서방 댁 둘째 아들이 사법시험에 합격하자 모두 개천에서 용 났단다. 용이 되고 싶은 시골 청년, 전 재산을 팔아 서울 가서 작은 회사 하나 차렸으나 일 년 지나 노숙자가 되었다.

개울의 미꾸라지도 용이 되고 싶었다. 소나기 쏟아지는 여름날 폭포수 오르는 실력으로 하늘을 날았다. 하늘에 오르면 용이 될 것 같았다. 장대비 타고 하늘 향해 날며 생각했다. 승천하기 이렇게 쉬운데 왜 망설였을까? 바보같이

비 그치자 산 위에 떨어졌다
최후를 맞으며 후회했다
용보다 미꾸라지로 살걸

동쪽엔 하늘 오르는
무지개다리가 걸려 있다

콜로세움

수천 년 역사가 펼쳐진
채찍 휘두르는 병사들의 고함소리

노예들의 비명 위에 세워진 거대함
하늘 찌르는 환호 속
맹수들의 포효咆哮가 난무하다

개선하는 용사들 행렬 위로
꽃가루가 날리고 억센 노예들의 팔이
수렁에 빠진 마차 바퀴를 들어 올린다

검투사들 피 얼룩져 있고
환호 속에 치열한 혈전血戰이 전개되던
어느 아치 밑 닳은 돌 위에
내 발자국도 기꺼이 보태노라

무수한 시간을 헤쳐 지나오며
새겨 담은 역사로 얼룩진 벽에 기대선
한 여인 입가에서
체념의 미소가 흐른다

모든 길은 로마로 통했지만
한 편 시를 쓰기 위해
로마는 불타고 있다
불타고 있었다

소혼대

숙수사 스님 목탁 소리
백운동 선비 글 읽는 소리가
오백 년 추억되어 허공을 맴돈다

소나기 뒤 햇살은
취한대 너머 무지개 띄워
천상 길 열어 놓고
선녀들을 불러 내린다

죽계천 가에 쪼그리고 앉아
송사리 떼를 헤아리며
고향의 그리움 달래던 어린 학동

오는 이의 서먹함과
가는 이의 아쉬움이 교차하던 바위 아래서
천 리 밖 부모형제 염원 모아
장원급제 꿈꾸며
괴나리봇짐 진 이들 발길이 스친다

알래스카

설산들의 회갈색 그림자
하얗게 이어지는 능선
상상 속 외계 같다

골짜기마다
빙하가 흐르고
눈 쌓인 평원을 품은 산
생명이 없을 것 같은 얼어붙은
신들의 땅

일만 미터 상공에서
넋 내려놓고
하늘의 별이 되어
하얀 대지의 신비에 취해
세상 욕망에서 해방된다

산행

온 힘 다 쏟아 쌓아 올리는 걸음
끝내는 내려올 길
숨은 턱에 차고
땀은 전신을 적신다

외길 벼랑에서
체력은 인내를 시험한다
이쯤 어디선가 쉬어 갈 만도 한데
삶의 무게에 짓눌린 어깨
포기할 수 없는 인생살이에 이를 악문다

산머리 거기엔
달랑 주인 없는 명패 하나
역경 헤치고 이루었다는 자부심
땀 식히고 즐길 틈도 없이
돌아서는 내리막길
발아래 까마득한
절벽

지나온 자국마다 스쳐 간 인연들은
추억되어 흩어지고

지팡이에 의지한
절룩이는 빈 몸

저녁놀 짙어 갈 길이 바쁘다

보부상

— 객주문학관에서

실긋실긋한 인생살이 등에 지고
무게에 짓눌려 하늘의 별빛 쳐다보도 못하고
밤이슬에 젖어 준령을 넘는다

짚세기에 닳은 길
패랭이 밑에서 흘러내리는
땀방울이 발등까지 적시고
고갯길 깔딱 숨이 턱밑에 찬다

등짐 지고 장날 따라 오가는 행렬
열두 령嶺 높은 재 넘어
몇 날 몇 밤 뼛속에 고통을 묻는다

금강송 바위 밑에
지게 괴어 놓고 보퉁이 끌어안고 자는 쪽잠
거부巨富되어 금의환향하는
찬란한 꿈을 꾼다

바리바리 무게 지고
고갯마루 땀 식히던 바릿재
사그라기* 울음소리에 눈물짓고

객줏집 아낙 틀에 박힌 눈웃음에
순정을 쏟는다

춘수전 추보전 내어 의리 지키며
등짐에 짓눌린 삶
박달재* 너머 일군 들판 생달*에다
훗날 꿈을 심어본다

* 사그라기 : 억새, 으악새.
* 박달재 : 경북 봉화군 물야면 오전 약수터에서 선달산 넘는 고개.
* 생달 : 오전 약수터 근처의 마을.

청다리 아래에는

오백 년 저 너머 절규가 구름 되어
백운동 골짜기에 피어오르고
청다리 아래에는 별이 진다

죽계가 핏빛으로 흐르던
세상 끝이었던 그날
충절들은 돌이 되어
먼지 쌓인 역사 속
흥망의 세월 다 지켜보며
죽계를 떠나지 못한다

청다리 아래에는
그날의 혼들이 모여
밤마다 이슬 먹은 별로
들리지 않는 함성으로
외치다
외치다
아침 햇살 속으로 사라진다

올레길

세상 시름 접어두고
걸으멍 보멍 놀멍 걷는 길
용암 굳은 검은 갯바위 지나
축담 길 밭담 길 산담 길 거쳐
굽이굽이 오솔길 마을 지나고 돌밭 길 따라
오름 오르고 내리며
우리네 인생살이 같은 길

물질에 언 해녀 몸 녹이는 갯바위 불턱
아이들 키우며 가난하게 살아가던 돌담 집들
바닷바람 막아주는 밭담 길 가에는
산호 부서진 고운 모래가 날려 와 수북이 쌓여 있다

등 굽은 풍향목은 아버지의 모습
축담 길 너머 낮은 지붕 밑에는
도란도란 살아가는 갯마을 식구들의
이야기가 묻어나온다

파도가 깎아 만든 절벽 너머 수평선
고기잡이 나가 돌아오지 못한 남편 기다리다
돌이 되었을 제주 할망들을 생각하며
걸으멍 걸으멍 세속 벗어나
돌하르방을 닮아간다

강화도

바다 건너
육지 쪽 사연이 서늘하다
고인돌 쌓아놓고 쌍날찍개로 사냥하던
조상들의 낙원
그땐 탐내는 무리도 없었는데

흙먼지 날리던 말발굽
화약 연기 스쳐간 대포 자국
천년의 상흔들은
강물 되어 흘러가고
흘러오는 강물은
또 다른 아픔으로 다가온다
창과 화살이 총 미사일로 진화되고
성벽을 대신한 철책에는
번득이는 눈초리

겹겹이 쌓여 온 욕망 걷어내고
고인돌 쌓고 물고기 잡던
옛 그대로인 마니산을 바라보며
낙원을 그려본다

삶의 언어言語와
살아 움직이는 정신력精神力의 시詩

박 영 교 (시인 · 前 한국문인협회 이사)

문학하는 사람들은 그 마음가짐이 순박하여 실생활에서 조금은 밑진 듯해 보이는 사람들이 대부분이다. 그러나 실상은 모든 사람들에게 온화한 마음을 열어줄 뿐만 아니라 매사에 원만한 삶을 추구하는 지성과 바른 인성을 겸비한 사람들이다. 그래서 보통 사람들은 인성적으로 부드럽고 누구나 친해지고 싶은 봄비 같은 긍정적인 시인 한 사람쯤은 지인으로 두고 자기 지성의 깊이를 은근히 자랑하고 있다.

시인은 그 시대의 언어의 주인인 동시에 그 사회를 비춰주는 등불임을 자신하는 자긍심이 있어야 한다. 좌우로 치우치지 않고 그 시대를 직시할 수 있어야 하며 언제나 때 묻지 아니하고 맑은 목소리로 타이르는 안내자여야 한다. 그리고 시인의 집념과 노력은 먼 거리를 달리는 마라토너의 자세이거나 에베레스트의 정상을

향하여 꾸준히 등산하는 등반대원의 의지와 인내로 정상을 극복하는 바로 그것이어야 한다고 본다.[1)]

우리나라가, 시대가 많이 배불러 아쉬운 것이 없는 지금, 시인은 이런 삶 속에 마음을 찌르는 송곳같이 샤프한 시심과 더욱 따사로운 인정으로 시대의 흐름을, 어두움을 개선해 나갈 수 있어야 한다. 독자들이 한두 권의 시집을 손에 들고 눈을 떼지 않고 읽게 해야 한다.

'시는 시인 그 자체이다.' 라는 말이 있다. 즉 시를 읽어보면 그 시인의 인격과 믿음, 정의감과 지적 수준, 문학적 소양, 생활양식 등 많은 것들을 내포하고 있어서 그런 말을 할 수 있는 것이 아닌가 한다.[2)]

안문현 시인의 작품을 보면 젊음의 기백과 문학에 대한 열정이 흥건히 녹아 있다. 그는 영주문예대학에서 5~6년 동안 공부를 하면서 백오십여 편의 습작 · 출산한 작품들을 정리해 71편을 선정하여 이제 그 첫 시집을 구상하였다.

안문현 시인의 첫 시집 『처용가를 거꾸로 읽다』는 전 4부로 나누고 있다. 제1부 '여객선 삼등실' 18편의 작품, 제2부 '처용가를 거꾸로 읽다' 18편의 작품, 제3부 '풍경이 담긴 호수' 18편의 작품, 제4부 '발해 성터에서' 17편의 작품을 싣고 있다. 시집에서 시인이 국내여행뿐만 아니라 중국, 유럽과 미국, 캐나다와 동남아 일대를 여행하면서 얻은 여행시편도 만나게 된다. 그가 폭넓게 여행하면서 얻은 삶의 진실과 인간 본연의 자세가 어떤 것인지를 피력해 놓았다. 마치 알베르트 까뮈

---

1) 박영교, 『文學과 良心의 소리』(도서출판 대일, 1986) p.113

2) 박영교, 『시조작법과 시적 내용의 모호성』(도서출판 천우, 2013) p.151

가 『이방인』에서 이율배반二律背反으로부터 생기는 모순을 독자들에게 주인공 '뫼르소 그가 정상인인가?' 라는 의문을 던져 우리가 살고 있는 이 세상이 정상인가를 되묻는 것처럼 안문현 시인도 세상을 여행하면서 자기 자신을 되돌아보고 또 세상이 돌아가는 것에 대한 자신의 질문을 작품화한 것들도 볼 수 있다.

모름지기 시인은 불의를 보고 바르게 말할 수 있어야 하며 올바른 길로 인도하는 인도자여야 한다. 『25시』의 작가 게오르그Stefan George는 "시인이 괴로워하는 사회는 병든 사회"라고 하였는데 우리는 이 말에 귀를 기울여 보아야 할 필요가 있는 것이다.[3)]

이제 안문현 시인의 시집 작품을 살펴보자.

인생의 멍에를 갈아 없앤다
걱정의 입자들은 검게 녹아
내 모습을 비춰주고

번민의 시간 속
쌓여 온 시름들이
은은한 향기가 되어 퍼진다

사각사각 닳아지는 세월이
밀어낸 오늘 대신
내일을 부르며
길을 재촉하지만

---

3) 박영교, 『시와 독자 사이』 광주직할시(88세미나 주제발표원고) p.122

지워지는 삶의 흔적에
새 길을 내며
붓을 들어
글씨를 쓰고 그림을 그린다

—「먹을 갈며」 전문

안문현 시인은 시를 쓰는 일 외에도 많은 일을 하는 분이다. 이를테면 아동문학(동화), 스토리텔링, 소설도 구상하고 있으며 서예와 문인화도 경지에 올라 있다.

시인의 이 작품은 서실에서 먹을 갈며 생각나는 일들을 작품화한 것이다. 수많은 시간 동안 검은 먹을 갈면서 보낸 아픈 세월을 선인들의 생에 대한 삶도 생각하면서 검게 녹는 번민의 시간들, 시름이 가는(磨) 먹이 닳아지듯 세월에 지워지는 삶의 흔적으로 자기 자신의 새 길을 내며 살아가고 있음을 잘 표출하였다.

밟히고 찢겨져도
상처 안고 다시 일어선다

쇠똥구리 흘리고 간 거름
아침 이슬비로
작은 잎 초라한 꽃 피워
드러나지 않는 모습

뽑히고 죽어가도
줄어들지 않는 생명
변하지 않은 믿음으로

강토를 지키는
그 정신

눈길 한 번 못 받아도
대 이어 살아온
흙먼지 길가를 떠나지 않는
넌, 진정 이 땅의 의로운
주인

—「질경이」 전문

안문현 시인은 질경이를 우리나라 민족정신에 비유하였다. 발길에 밟히고 찢기면서도 다시 일어서는 정신을 높게 산 것이다. 우리나라의 질경이는 다이어트, 눈 건강, 간 건강, 항암효능, 이뇨작용, 호흡기 건강 등에 좋은 효과를 보이는 약용식물이고 식용나물이다.

시인은 우리 민족이 수많은 외세 침략에도 불구하고 다시 오뚝이처럼 일어서는 아픔을 간직한 그런 끈질김의 유사성과 모진 아픔을 딛고 다시 일어서는 질경이 같은 민족의 공통성을 작품화하였다.

낯모르는 남녀들 엉덩이를 마주 대고
웅크린 잠을 잔다

잘난 사람도 돈 많은 사람도
따로 없는
봉놋방 같다
때로는 둘레둘레 모여앉아

화투 치고 술 마시고
모야 때야 왁자지껄 정신없다

파도 일어 배 요동치면
울렁울렁 뒹굴뒹굴
먹은 것 다 토해내고
예의염치는 차릴 길이 없다

인생살이 이 같아서 거기가 거기인 것을
무엇 그리 고상하랴마는
그래도
배에서 내리면
노래진 하늘 머리에 이고
흐트러진 옷매무새 고치며
의젓한 눈 내리깔면서
예의와 체면을 차린다

—「여객선 삼등실」 전문

안문현 시인은 국내에서 배를 타고 섬 여행을 해 본 경험이 풍부하다. 부산서 제주도까지 배를 타고 여행을 하거나 울릉도 여행을 할 때 일어나는 현상의 단면을 잘 그려내고 있는 작품이다.

특히 장시간 여객선을 타본 사람은 누구나 공감할 내용으로 여객선 삼등실의 모습을 잘 담아내었다. 작은 쾌속정(배)의 뱃멀미도 그렇고, 큰 배를 타도 장시간 걸려 섬에 도착할 때의 일을 생생하게 그려낸 작품이다. 뱃멀미를 하면 예의염치도 없고 토하며 옆 사람이 누구인지도 모르고 그냥 끌어안고 살아나야 한다는 생각뿐이다.

이 작품은 마지막 연에서 시인이 하고 싶어 하는 말을 다 하고 있다. "흐트러진 옷매무새 고치며/ 의젓한 눈 내리깔면서/ 예의와 체면을 차린다"

아침 이슬 마르지 않았는데
수꽃 암꽃 옮겨 다니며
꿀 따는 호박벌

호박꽃 안에는 꿀단지에 엎드려
꿀 퍼내는 호박벌의 엉덩이만 보인다

토담 벽에 송송 구멍 뚫어
집 짓는 호박벌
기다리는 호박꽃

—「호박벌」 전문

옛날 어린 시절 호박꽃 속에 호박벌이 들어가면 잡아서 꿀을 빼앗아 먹은 기억이 있다. 안문현 시인은 사물을 보는 세심한 눈을 가졌다. 그 호박벌이 집을 짓고 사는 것까지 잘 관찰한 작품이다.

호박을 심어서 키워본 사람들은 잘 알고 있을 것이다. 호박꽃은 다른 꽃에 비하면 모양새가 없어 보잘것없는 꽃이지만 우리 인간에게는 없어서는 안 되는 유익한 꽃이며 호박벌도 또한 필요한 존재인 것이다. 호박벌과 호박의 관계는 열매를 맺기 위해서 필요불가결한 존재이기 때문이다. 시인은 호박벌을 통하여 사람 사이의 관계를 은유하고 있다.

말기 암 아낙은 죽음 앞에 초연했다
이승 떠나기 얼마나 겁나고
아쉬울까

가난한 촌부에게 시집와 농촌 곁방살이
아이들 기르고 논밭 매며
평생을 보낸 시골 아낙

죽고 사는 것은 부처님 뜻이라며
생사 초탈한 의연함
문병 온 사람들 너무 웃겨
누가 위로받는지 모르겠다며
모두 놀라워했다

눈 내리는 마지막 날, 하직 인사 갔을 때
눈물도 없이 나직한 목소리로
"내가 이승에서 아재에게 아무것도 해준 것 없이
받고만 가요. 그동안 너무 고마웠어요."
하고 손을 잡았다

떠나는 이보다 남은 내가
목이 메어 말을 잊었다

살아생전 맺은 인연 모두에게 하직 인사하고
삶에 대한 아쉬움도 죽음의 두려움도 없이

이웃 가듯
아낙은,
그렇게 우리 곁을 떠났다

—「어떤 임종」 전문

안문현 시인의 작품 「어떤 임종」은 추측컨대 고향의 먼 집안 조카뻘되는 분의 부인의 이야기인 듯하다. 시의 내용에서 "내가 이승에서 아재에게 아무것도 해준 것 없이 받고만 가요. 그동안 너무 고마웠어요."라는 표현을 보아서 추측이 된다.

말기 암 환자인 이 여자분의 초연한 모습은 주위의 사람들을 감동시킬 뿐만 아니라 살아생전 인연을 맺은 모든 사람들에게 감동을 주며 이웃에 가듯 그렇게 죽음을 맞이하여 시인을 감동시켰다. 마치 천상병 시인의 작품 「귀천」에서 죽어 저승에 가 "아름다운 이 세상 소풍 끝나는 날/ 가서, 아름다웠다고 말하리라."라고 한 시를 생각할 수 있는 작품이다.

천장에서 천둥소리가 난다
말 달구지 굴러가는 소리
우르르 뛰어가는 소리
저벅저벅 벽 타고 들려오는
독일 병정 발자국 소리

침대에 누워 귀 막고 눈 감고
양 떼를 헤아린다
밤새도록

병정의 발자국 소리는 그치지 않는다

밤일 마치고 낮에는 자야 하는 남편
끊임없이 들려오는 소리들
오늘 저녁도 일 나가야 하는데
피로는 뼛속 마디마디에 남아 있고
폭발한 감정만 둥둥 떠다닌다
머리채만 안 잡았지 전쟁이다

소리는 벽을 타고 이 층 삼 층 건너뛰고
아래 위층 모두가 곤두선 신경
하얗게 밤새우고 낮에도 편치 못한
서민아파트의 하루하루

—「층간 소음, 이걸 어쩌나」 전문

농촌생활에서는 느낄 수 없는 작품이다.

안문현 시인은 지금 매우 조용하며 분위기가 있는 단독주택에 살고 있다. 잘 가꿔진 나무와 꽃들이 즐비하게 핀 좋은 공간이 있는 그런 집이다. 하지만 한때 서민아파트에서 살아본 경험이 있거나 도심에서 살고 있는 자녀들의 아파트에 방문하여 얻어진 경험에서 탄생한 작품이라 미루어 본다.

시인은 서민아파트 생활의 현상을 첫 연과 둘째 연에서 매우 잘 표현해 놓았다. 시인이 느끼는 공간 소음이 너무나 생생하게 그려져 한 편의 드라마처럼 느껴진다. 아파트에 사는 필자가 써도 더 이상 생생하게 그릴 수 없다고 생각한다.

요즘 '층간 소음 문제'는 보통이 아니다. 법적 문제

로 이어지거나 살인까지도 일어나고 있음을 TV를 통해 익히 알고 있다.

우리가 살아갈 때 내 삶과 상대방의 삶을 역지사지해 본다면 싸움도 소음도 잦아들 것이며 스스로 해결방법을 찾아갈 수 있을 것이다.

오일장 한 켠 양지바른 담장 밑
푸나물 몇 단 앞에 놓고
두 할머니가 나란히 앉아
도란도란하던 이야기가
자꾸만 겉돕니다
젊은 시절이 생각이 나지 않아
서로 쳐다보며 먼저 이야기하랍니다
서편 하늘 붉게 물들어 가는데
머릿속에 아롱거리는 지난날들이
흰머리 주름 너머 일들이 기억나지 않습니다
손주 줄 사탕은 사고 싶지만
푸성귀는 시들어져
눈길 한번 못 받고
사람들은 발길을 돌립니다

—「황혼의 여백」 전문

시인은 오일장에서 시골 할머니들이 텃밭에서 기르거나 뜯어온 푸성귀들을 앞에 놓고 손님을 기다리는 장면을 생생하게 펼쳐놓았다. 시간이 갈수록 상품가치가 없어져 팔리지 않는 푸성귀, 손주에게 줄 사탕을 못 사는 할머니의 안타까운 마음까지 은유되었다.

우리는 자식을 키울 때 삶에 부대끼어 느껴보지 못한 사랑이 온통 손주들에게 물 흐르듯 마구 흘러감을 안다. 보고 또 봐도 보고 싶고 귀엽다. 지난 세월이 가물거려도, 사랑한다는 말 한마디 없이도 사랑은 아래로 한없이 흘러감을 잘 표출해 놓았다.

사랑 훔쳐 떠난 여인의 모습이
가슴속 너울이 되어
성곽 돌계단을 촘촘히 달려온다

그리움은 지쳐 원한이 되고
알몸으로 웅크린 여인의 상이 되어
무거운 업보를 떠받치고 있다

무수한 세월이 흘러도
추위에 떨며 백 년의 배신에서
벗어나지 못한 나신이여

아침저녁 예불 독경 소리에
부처님의 자비를 비는
옷 벗은 보살이 되어 회한에 차 있구나

풍경 소리 따라
수없는 계절이 돌고 돌아가도
줄어지지 않는 형벌
차라리 마음 비우고
입가에는 웃음이 번진다

—「나부상裸婦像 · 1」 전문

안문현 시인의 작품 「나부상裸婦像 · 1」은 강화도 전등사 대웅전 네 귀퉁이에 무거운 불사佛寺를 이고 있는 여인의 나상을 말한다. 세상 끝날까지 아픔과 고통을 주려고 그 대웅전을 지은 도편수가 자신을 배반하고 다른 사내와 눈이 맞아 자기 재산을 몽땅 가지고 떠난 여인을 벌주기 위해서라고 한다.

우리는 전등사 사찰의 이 나부상을 보면서 무엇을 느끼며 구경하고 돌아왔을까? 대웅전 기둥 위, 그래도 연꽃 위에 나신을 앉히어 놓았으나 그렇게 한 도편수도 나부상이 되어 회한에 찼을 것이다.

사랑하기보다 어려운 것은 용서하는 마음이라고 한다. 용서는 남을 위한 것이 아니라 자기 자신의 구원을 위한 것이라고 생각한다. '나부상' 은 우리에게 진정한 사랑이 무엇인지 은근한 가르침을 주고 있다.

지난날 믿음이 쌓였고
오늘의 소원이 쌓이고
내일의 희망이 쌓인다

각자 다른 사연 담긴 돌들은
천 년 이어 살아온 사람들의
염원 품고 대 이어 쌓여 왔다

오늘도 소원 담은 돌 하나가
부처님의 자비를 불러내며
이끼 낀 소망들 위에 올려져
또 다른 천 년을 쌓아 간다

—「돌탑」 전문

탑 하나에도 수많은 날들과 믿음, 소원, 희망이 얹어져서 누천년을 내려오며 '소원이 이루어지는 것' 이라고 듣고 있다. 큰 부자는 3대에 걸쳐서 보시를 끊이지 않게 해야만 하늘이 내린다고 한다. 환언하면 요즘 말로 많은 사람들에게 봉사하고 어려운 사람들에게 많이 베풀어주면서 좋은 일을 많이 해야만 하늘이 내리는 복이라고 믿는다.

우리가 무병장수하는 것도 다 하늘의 뜻이라고들 한다. 사람이 사람에게 자비를 베풀지 않고 어찌 하늘의 자비를 바라겠는가? 「돌탑」은 우리를 숙연하게 하는 작품이다.

밟혀서 아우성치는
세 잎 클로버를 외면한 채
네 잎 클로버를 찾아다닙니다

행복은 우리 곁에 있는데
행운을 찾으려고
짓밟아 버린 행복

떠나간 뒤에야
행복인 줄 알았습니다

—「행복」 전문

이 클로버 잎에 담긴 꽃말의 내용을 안문현 시인은 시를 통해서 교훈처럼 말하고 있다. 사람들이 일상의 행복함을 깨닫지 못하고 파랑새를 찾듯 행복을 찾아 헤

맴을 빗대어 일깨워준다.

네 잎 클로버는 행운을 말한다. 프랑스의 나폴레옹이 워털루 전쟁 당시에 알프스 산맥을 넘어가는 도중에 토끼풀의 기형인 네 잎 클로버를 찾고서 이를 뜯으려고 고개를 숙이는 순간 총알을 피했다고 해서 행운의 뜻을 담고 있다고 전설처럼 알려져 있다.

그런데 세 잎 클로버는 행복을 나타낸다고 한다. 사람들은 바로 가까이 지천으로 깔려 있는 행복을 두고 행운을 잡으려고 온 천지를 찾아다닌다. 인간 속성의 한심함을 보여주는 좋은 작품이다.

구름 위로 용이 승천한다
높은 산에 산신령 살고
동구 밖 당나무 앞에서는
무당이 굿을 하고 있다

귀신 쫓는 처용 굿
주술이 된 처용가는 처용무를 추게 하고
귀신은 혼비백산 도망간다

천 년 넘게 내려온 처용의 신神
가랑이 넷인 아내의 이불 속 그대
용서하는 넓은 아량
미안하지 않고 부끄럽지도 않게
아내를 돌아오게 하는
기지奇智가 놀라워라

천 년 넘은 처용

괘릉 지키는 서역인 석상

온 신라 땅에 처용가는 퍼지고
전설은 더해가며 천 년 지나도록
처용은 우리 곁에서 숨을 쉬며
처연하게 살아나고 있다

—「처용가를 거꾸로 읽다」 전문

안문현 시인의 「처용가를 거꾸로 읽다」는 지금까지도 처용무가 가면극으로, 가무로, 굿으로 처연하게 되살아나는 것에 대한 신라 땅 처용의 기지를 용서와 아량을 통해서 넌지시 가족에 대한 처세술, 곧 삶의 지혜를 더해주는 작품이다. 「처용가」를 통해 작가가 진실로 하고 싶은 말은 주술적인 신비로움이 아니라 가족 구성원 간, 부부 간이 어지러운 이 시대에서 '용서'라는 한마디의 말이 필요하다는 것을 알게 하고 싶은 것이다.

"미안하지 않고 부끄럽지도 않게/ 아내를 돌아오게 하는" 그런 용서容恕인 것이다.

「처용가」는 신라 헌강왕 때 처용이 아내를 범하는 역신을 물리치기 위해 부른 8구체의 향가이다. 「처용가」는 사귀邪鬼를 쫓고 경사로운 일을 맞이하는 민속무가로 조선시대에도 연희로 계속되었다. 처용은 자기 아내를 범하는 역신을 보고도 비난이나 분노하지 아니하고 슬픔과 체념의 노래를 불렀다.

『삼국사기』에 따르면 그 역신이 너그러운 처용을 보고 무릎 꿇어서 말하기를 '당신의 가면이나 이름만 들어도 나타나지 않겠다.'는 약속을 하고 떠났다. 그 후

집 대문에 처용의 가면이나 이름을 걸어두는 풍습이 생겼다고 한다. 지금도 그 노래는 주술적 무기로 알려져 있다.

나신으로 두 연인이 잠들어 있다

손잡고 다니던 거리
사랑을 속삭이던 회랑 돌기둥 밑
길 가다 사 먹던 빵 가게
데이트 전 다녀온 공중목욕탕
모두가
화산재에 묻힌 것도 모른 채

눈부시게 흰 드레스 입고
원형 야외극장에서
올릴 결혼식 날짜가
지난 것도 모르고
행복한 꿈을 꾸고 있다

봄꽃 벌 나비가
이천 번을 다녀가도
서로 꼭 끌어안고
날마다 사람들이
벌거벗은 침실을 들여다보는데도
황홀한 꿈에서
깨어나지 않는다

—「폼페이의 연인」 전문

안문현 시인이 이탈리아 로마 등지로 여행을 하면서 얻어진 시편들이다.

「폼페이의 연인」은 이탈리아 베수비오 화산 폭발 당시 폼페이 인구 2,000여 명이 화산재와 용암으로 인해 희생된 일을 시로 나타낸 작품이다. 사람을 덮은 6~8m의 화산재 위로 비가 내리면서 도시 전체가 화석화된 것이다. 이로 인해서 폼페이 도시는 화산폭발 당시 그대로 땅속에 묻혀서 보존되었다.

미라형 캐릭터들이 많이 출토되고 있으며 죽음 앞에서도 서로를 꼭 부둥켜안은 채 화석이 되어버린 '폼페이의 연인' 들의 모습도 보인다고 한다.

부음訃音이 왔습니다

천 리 길 달려가며
같이한 젊은 날의 추억이
차창 가 풍경처럼 떠오릅니다

덜컥이는 전차 타고 청계천 지나다니며
온기 없는 허름한 자취방에서
언 손 호호 불며 책장 넘기다
헤어진 우리

수륙양용전차 몰던 빨간 명찰 단 너
대포알 어깨에 메고 뛰어다니며
최전방 지키던 나
우린 그렇게 헤어지고
마음뿐

팍팍한 생활의 포로가 되어
오십여 년이 지나서야
저승길 떠나는 너를 만나러 갑니다

흰 국화꽃에 싸인 늙은 너의 사진이 눈에 설어
몇 번이나 이름표를 되돌아봤습니다
처음 보는 낯선 너의 식솔들
내 이름을 듣고서야
살아생전 늘 보고 싶어 하던 친구라고
망인이 환생한 듯 부여잡고
눈물바다가 되었습니다

우린 그렇게
너는 저승으로 나는 이승에 떨어져
또 긴 세월
마음속에 새겨두는
친구로 남았습니다

—「친구」 전문

안문현 시인의 이 작품은 젊은 날의 추억을 함께했던 친구의 부음訃音을 받고 회고한 작품이다.

어린 시절 허름한 자취방에서 어려움을 같이하며 공부하던 친구였으나 오랜 세월 동안 만나지 못해 살아생전에 늘 보고 싶어 하던 친구였다. 이제 흰 국화꽃에 싸인 얼굴만 있는 사진이 된 그를 보고 또 보면서 지난 세월을 아쉬워한다.

이름을 듣고서야 망인이 환생한 것처럼 붙잡고 눈물

을 흘리는 남은 식솔들을 보면서 시인은 무엇을 생각했을까?

너무 늦게 만난 친구여!

신혼의 꿈 안고
무지개다리를 건넌다

무수히 흩어지는 별빛
천둥 울리는 심장
황홀함
몸과 마음은 하늘 위를 난다

물보라 속 요정의 애잔한 모습
억 년 세월 손짓하며
쉬지 않고 쏟아져 내리는
거기엔
걱정도 좌절도 없이
하늘 오르는 무지개 꿈만 있다

—「무지개다리」 전문

안문현 시인이 요즘 젊은이들을 보면서 본인의 신혼생활을 회상하여 작품화한 것이라고 본다. 요즘 젊은이들의 신혼일기에는 '무지개다리'가 그렇게 황홀하지 않다. 경제적 삶의 걱정부터 앞서기 때문에 그렇지 못한 것도 있겠으나 처음부터 완벽한 결혼생활을 하려 하기 때문은 아닐까? 필자나 안문현 시인의 나이 때에 신혼은 곧 무지개다리의 시작이었다.

우리 시대는 아무것이 없어도 곁방살이부터 함께 시작하여 부모님의 말씀대로 살아가는 것이 신접살이였다면, 지금은 당사자끼리 원대한 삶의 청사진을 구워서 그 본을 떠가지고 부모님께 와서 신고하는 방식이라고 생각된다.

앞으로의 결혼 풍속도는 또 어떻게 달라질지 예측하기 어려운 일이다.

삼복더위 북풍한설 온몸으로 막아내며
얄팍한 월급봉투에 매달린
올망졸망 아이들 입
셋방살이 어렵고 힘들어도
한마디 불평 없던
당신이 눈물겹소

제일 먼저 새벽을 깨우고
가장 늦게 밤하늘의 별을 재우며
아이들 야간 자율학습 · 남편 뒷바라지
보따리 이고 지고 먼 서울 길 다니면서
누구보다 긴 하루를
살아내던 그 시절의
당신이 아득하오

긴 세월 살아오며
때로는 타인에게, 때로는 가족에게
이런저런 상처받아도
혼자서 견뎌내며 속으로 앓으면서
더 아픈 이웃에게 정을 나눠주던

당신을 존경하오

어느새 젊음은 흘러가고
시대도 변했는데
아직도 세상살이 나간 자식들 걱정하며
한 푼 돈 아끼려고
싼 곳 찾아 시장바닥 돌아다니다
걷고, 버스 시간 기다리고
허기 참고 집에 가서 밥 먹자던 당신에게

사랑한단 말 한마디 제대로 못 건네고
언제나
마음만 내줍니다

—「아내에게」 전문

안문현 시인의 이 작품「아내에게」는 일종의 세레나데 형식을 취하고 있다. 처음 결혼할 때는 작품「무지개다리」와 같이 화려한 꿈이었다. 하지만「아내에게」에서는 그렇게 파랑새를 꿈꾸던 삶의 흔적은 점점 사라지고 아이를 낳고 넉넉지 않은 살림살이에서 아내에게 근심과 걱정만을 안겨 주면서 살아왔다. 이제 시인은 어떤 고통에도 한결같았던 아내를 향한 미안한 마음의 세레나데를 부른 것이다.

오랜 세월을 살아오면서 사랑한다는 말 한마디 건네주지 못한 마음, 혼자서 그 어려움을 견뎌내준 당신, 더 아픈 이웃에게 정을 나눠주던 아내에게 '당신을 존경하오' 그 한마디가 전부인 것이다.

어느새 귀밑머리에 하얗게 서리가 내리고 경제적 어려움에도 세상살이 나간 자식들을 위해 허기를 참는 아내, 시인은 미안함과 죄스러움을 아내에게 자신의 마음만 내어준다고 고백한다.

고향 마을 개울가 산자락에 작은 통나무집을 짓고 싶다
뒤뜰 한편 다람쥐 찾아오게 도토리 심고
실개울에는 가재 며느리 숨어 살게 작은 돌 가져다 놓고
망초 수북한 모래밭 귀퉁이에 민들레 옮겨 심고
마당가에 연못 파 맹꽁이 살게 하여
여름 한철 시끄러운 이웃도 만들고 싶다
계수나무 가지 끝에 꾀꼬리 집 짓고
오래된 고목엔 부엉이 살게 구멍 뚫어 주고
많은 이웃을 불러 모아 살고 싶다

개울가 석벽 고란초가 자라나는 고향 마을
우물가 느릅나무 정자는 길손 땀 식혀주고
옹기종기 모여 살던 초가집 뒤
참나무 높은 가지에 까치가 집 짓고
멀리서 오는 길손을 반갑게 짖어 맞던 곳
길가 쇠똥구리 힘들게 일하고
계절 따라 밤이면 소쩍새 울고
반딧불이 온 동네를 별처럼 뒤덮던
그런 고향 다시,
만들고 싶다

—「소망」 전문

사람은 누구나 소망을 가지고 산다. 대부분의 사람들은 그 옛날 자기가 이루고 싶어 하던 것들을 고향에 와서 한 번 더 이루어 놓고 싶은 마음에 금의환향하고자 한다. 그래서 예부터 수구초심首丘初心이란 말이 있다. 안문현 시인도 이제는 이룰 것 다 이룬 삶이라 여겨진다.

실개울, 가재와 피라미, 통나무집, 다람쥐, 고목나무, 부엉이, 이웃. 이는 시인뿐만 아니라 노령에 접어든 사람들의 단어이고 소망이며 노래이다.

즉 시인은 그 옛날 어린 시절 동무들과 함께 살던 그런 고향으로 돌아가고 싶어 하는 마음을 「소망」을 통해 수채화처럼 그려내었다. 고향은 지금 그 옛날과 무엇이 다른가? 하나둘 다 떠나고 없는 쓸쓸한 땅, 그 시절 그리움의 향수에 젖어들게 한다.

안문현 시인의 첫 작품집 『처용가를 거꾸로 읽다』는 시작부터 문예진흥기금 수혜에 선정되어 출간하게 된 시집이라서 더 화려하고 당당함에 축하의 박수를 배가한다.

이 시집을 통해 시인은 어떤 상황의식 속에서도 사물을 현명하게 보는 안목이 생겼으며 쇠잔등의 깃털 하나를 보고도 세상의 운치를 느낄 수 있는 감성을 지닌 시인의 촉수를 가지게 되었다.

이제 시인은 그의 작품 세계에서 소재의 신선함과 시어를 적재적소에 배치하는 언어적 구성 스킬을 익혀 시적 구성과 내용이 신선하고 충격적인 작품을 출산해가길 바란다.

안문현 시인은 시인이기 이전에 고등학교 교장을 역

임한 교육자여서 시집 여기저기서 교훈적인 냄새가 났다. 그의 경력이 그의 인격의 한 부분이 되듯 앞으로 첫 시집 출간을 기점으로 그의 작품에서 또 다른 품격의 세계가 열려가길 바란다.

문학세계대표작가선 820

처용가를 거꾸로 읽다

안문현 시집

인쇄 1판 1쇄 2017년 8월 25일
발행 1판 1쇄 2017년 9월 1일

지 은 이 : 안문현
펴 낸 이 : 김천우
펴 낸 곳 : 도서출판 천우
등 록 : 1992. 2. 15. 제1-1307호
주 소 : 서울시 성동구 무학봉28길 6 금용빌딩 2F
전 화 : 02)2298-7661
팩 스 : 02)2298-7665
http://moonhak.wla.or.kr
E-mail : chunwo@hanmail.net

값 10,000원

* 이 책은 2017년 경상북도 문예진흥기금을 지원 받아 제작되었습니다.

ISBN 978-89-7954-681-1

이 도서의 국립중앙도서관 출판예정도서목록(CIP)은 서지정보유통지원시스템 홈페이지(http://seoji.nl.go.kr)와 국가자료공동목록시스템(http://www.nl.go.kr/kolisnet)에서 이용하실 수 있습니다. (CIP제어번호: CIP2017020556)